AF253750

TRANSFORMATION

DU

GOUVERNEMENT RÉPUBLICAIN

ET DU

POUVOIR PARLEMENTAIRE

PAR LE

PRINCIPE FÉDÉRATIF

AVÈNEMENT DU PEUPLE
A LA PROPRIÉTÉ

PAR

JOSEPH PERROT

> Je parle sans crainte; je dis ce que je sais,
> et ce que je crois juste.
>
> Page 9.

PARIS ET LES DÉPARTEMENTS
Chez les principaux Libraires

VENTE EN GROS :

A. SOIRAT, commissionnaire en librairie, 146, rue Montmartre

1886

TRANSFORMATION

DU

GOUVERNEMENT RÉPUBLICAIN

ET DU

POUVOIR PARLEMENTAIRE

PAR LE

PRINCIPE FÉDÉRATIF

AVÈNEMENT DU PEUPLE
A LA PROPRIÉTÉ

PAR

JOSEPH PERROT

*Je parle sans crainte ; je dis ce que je sais,
et ce que je crois juste.*

Page 9.

PARIS ET LES DÉPARTEMENTS
Chez les principaux Libraires

VENTE EN GROS :

Paris, A. SOIRAT, commissionnaire en librairie, 146, rue Montmartre

--

1886

TABLE DES MATIÈRES

BAR-SUR-SEINE. — IMPRIMERIE SAILLARD.

TRANSFORMATION

DU

GOUVERNEMENT RÉPUBLICAIN

ET DU

POUVOIR PARLEMENTAIRE

PAR LE

PRINCIPE FÉDÉRATIF

———➤◄———

I

Ce petit opuscule est comme le prologue ou l'épilogue de notre brochure intitulée SOLUTION DU PROBLÈME SOCIAL. En niant dans cette brochure le pouvoir gouvernemental, nous avons eu soin de le réserver à la législation seule, faisant ainsi du gouvernement *une agence*; pensant que l'intervention d'un pouvoir quelconque dans la discussion des lois, et *surtout* sa puissance pondérative, étaient une entrave à la marche des affaires et à la réalisation du progrès.

Ce que nous n'avons pas dit, c'est que dans un grand état comme la France, par la concentration du pouvoir, le suffrage universel est plutôt un acte spontané, ou l'expression variable d'un sentiment politique quelconque, qu'une manifestation raisonnée des réformes à opérer. C'est cette idée qui nous a fait dire à la page 123 que « dans l'esprit de la Révolution, le pouvoir législatif, à l'imitation des anciens Etats généraux, doit être formé des diverses fractions du travail qui concourent à la production de la richesse »;

ce qui donnerait à entendre que nous pensons revenir
au vote par ordres, comme avant 89. Tel n'était pas
le fond de notre pensée, notre intention étant seulement de démontrer que par la diversité des intérêts,
actuellement le suffrage universel était comme un plé-
biscite, impuissant à résoudre aucune question d'économie sociale. S'il y a eu confusion ou lacune dans
l'exposition de nos idées, ce travail est à seule fin de
les ordonner.

Si, comme nous le croyons, la nation française est
mûre pour les réformes politiques et sociales qu'elle
n'a pu encore clairement définir, c'est que la méthode
qui doit servir à leur émergence et en permettre l'application nous fait complètement défaut; cette méthode n'est point une innovation, car elle existe, elle
est mise en pratique avec succès pour la politique,
chez plusieurs nations, et nous offre la garantie de
l'expérience : c'est le *principe fédératif*. Nous espérons démontrer que par la fédération politique et la
décentralisation, l'ère des agitations stériles sera close.
Et le suffrage universel ouvrira celle de l'action puissante des populations, et la souveraineté du peuple,
qui n'est encore qu'une fiction, sera réalisée.

II

État des esprits. — Critique des partis politiques.

La vérité est une; elle est accessible à tous les hommes ; et si la politique nous divise encore, c'est qu'elle
contient des principes erronés. « Quand César est
venu dans les Gaules, il trouva les Gaulois adonnés
aux religions, divisés entre eux, et livrés aux supers-
titions ». S'il revenait aujourd'hui, il nous trouverait
adonnés à la politique, divisés entre nous, et livrés à
la superstition autoritaire, c'est-à-dire attendant encore tout d'un *bon Gouvernement*.

Jadis le peuple, lassé de prier et surtout d'espérer son salut des puissances célestes, imagina le proverbe : « Aide-toi et le ciel t'aidera » ; ce qui valait beaucoup mieux pour lui que d'attendre. Le sens commun, toujours si pratique, fera-t-il bientôt avec le gouvernement ce qu'il a fait avec le ciel? Nous l'espérons. Et s'il fait bien ses affaires sans l'un, il les fera encore mieux sans l'autre.

L'idée que nous avons de la politique et de l'économie sociale est encore si spontanée, la réflexion y entre pour si peu, que l'arbitraire est l'âme qui inspire tous les partis, et peu de gens sauraient en donner une définition exacte. Ici, on prétend qu'il n'y a jamais assez de liberté ; là, que l'autorité fait défaut partout.

Au nom des libertés qu'ils réclament, les partis monarchiques croient pouvoir nous imposer leur autorité, gouverner, discipliner la masse, ramener tout à l'ordre, et par raison d'Etat, conserver leurs privilèges. De même, au cri de cette liberté et au nom du droit humain, le parti communiste-collectiviste prétend, en s'imposant par la force et par la violence, décréter *d'autorité* l'expropriation générale et régenter tous les intérêts.

Entre ces deux partis, il y a la nation qui veut la République et qui ne peut se donner à l'un, ni aller à l'autre. Mais elle est divisée elle-même en plusieurs fractions : intransigeants, radicaux et opportunistes ; dont ces derniers jusqu'à nouvel ordre gouvernent le pays.

Avec l'unité politique et la centralisation qui nous sont si chères, l'*unité nationale* est précaire [1] et aucun progrès sérieux ne peut se réaliser. En effet, ne voyons-nous pas toujours les partis d'opposition ar-

---

[1] Qui n'a pas entendu parler de la Ligue du Midi pour la défense nationale en 1870 « et des grondements séparatistes » ? Voir le *Petit Journal* du 1er février 1883, qui rapporte à ce sujet l'historique qu'en fait dans un récit posthume M. Alphonse Esquiros.

rivés au pouvoir afin de réaliser les réformes promises, condamnés à se rétracter, se réfugier dans l'opportunisme, et pour soutenir leur pouvoir, ne vivre que d'expédients, et dans leurs chutes disparaître devant le mépris public. Mais en l'absence de principes et de moyens nécessaires, nous sommes condamnés aussi à relever d'une main ce que de l'autre nous avons détruit.

Le corps législatif est bien le délégué de neuf millions d'électeurs, lesquels, n'ayant que le sentiment de leurs intérêts particuliers, n'entendent rien à l'intérêt général. Donc, le député n'a de ce fait qu'un mandat confus et indéfini. On se demande ce qu'il peut bien représenter ou faire devant le colosse de la concentration gouvernementale, où tant d'intérêts viennent aboutir, lequel est le dispensateur de l'intérêt général. De ce fait même, la représentation nationale est paralysée et subalternisée par le gouvernement formé par la majorité même; elle n'est plus, comme disait Paul-Louis Courier, qu'une machine à voter. Alors le mandataire toujours mécontent de ses représentants, les abandonne, mais faute de mieux ou pour ne pas tomber pire, leur renouvelle leur mandat. C'est ce qui est arrivé partout le 18 octobre, où les radicaux ont été forcés de reporter leurs voix sur le parti opportuniste. Moralement, c'est donc la minorité qui représente la nation. Nous appelons cela l'unité des républicains. Nous ne tarderons pas à en voir les fruits.

Le développement de l'industrie, en attirant le travailleur des champs dans l'usine, a amené la rareté des bras dans la culture; mais on pare à cet inconvénient, en recevant l'ouvrier étranger qui nous envahit de toute part. En abandonnant notre sol fécond pour la fabrique, il est arrivé que la production industrielle est disproportionnée à nos besoins, ce qui nous fait entreprendre des guerres lointaines pour établir notre domination et ouvrir des débouchés, là où le *respect des traités existants* était suffisant. La concurrence entre les nations amène les rivalités internationales, l'encombrement des produits, la baisse des salaires, et finalement la misère de l'ouvrier ; et la paix armée dont nous jouissons, étant le fait de l'antagonisme commercial, présente la perspective des guerres dont l'Europe est menacée.

Esprit d'insolidarité. —— L'industriel et le commerçant pour leurs bénéfices ; le propriétaire pour ses loyers ; le capitaliste pour ses rentes, ne songent qu'à en augmenter leurs revenus sans proportion aux services qu'ils rendent.

Les *manieurs d'argent*, bâcleurs de commandite, sont irresponsables du fait de leur escroquerie et de leur agiotage envers leurs actionnaires qu'ils ruinent « parce que, a dit M. l'avocat général Oscar de Vallée, le magistrat est désarmé, impuissant, devant des faits que la loi n'a pu prévoir. »

Seul, l'ouvrier qui n'a que sa brasse, supporte les déprédations de la spéculation et de l'agiotage, et dans sa détresse, n'a pour tout recours que les grèves qui tournent encore contre lui.

Mais il y a réaction, ou pour ainsi dire répercussion du mal dans la société, car « la loi de solidarité, dit Georges Duchêne, dont il nous manque d'avoir conscience, nous dit que là où les conditions entre producteurs échangistes ne sont pas égales, il se révèle ici disette, et là encombrement. Le prolétaire, incapable de racheter son produit par suite de la prélibation exercée sur son salaire au profit du capital, reste là, famélique, déguenillé, pieds nus, devant l'étalage du marchand de comestibles, du tailleur et du cordonnier, dont les boutiques regorgent de marchandises sans acheteurs, et qui marchent à la faillite aussi sûrement que l'autre à la consomption.

Nous croyons au progrès, mais la réflexion qui nous le ferait découvrir est offusquée par l'exorbitance de notre *moi* et de nos préjugés. La spontanéité de notre esprit ne nous permettant pas de douter de nos idées, nous fait douter des sciences sociales que nous regardons comme des utopies. Ainsi il en était jadis pour les découvertes du génie ; et le premier qui, en astronomie, affirma le mouvement de la terre, fut repoussé de l'opinion, et affligé des peines de l'inquisition.

Nous changeons périodiquement la forme de nos gouvernements, et nous piétinons sur place. En rejetant la science sociale, la démocratie est sans point de repère ; elle n'est qu'un parti divisé et impuissant, que le peuple est en train d'abandonner ; restée autoritaire et gouvernementale, parodiant la monarchie, elle ne sut que jouer sur l'échiquier politique les destinées de la nation ; n'ayant rien compris à l'esprit de la Révolution, sa carrière est finie ; elle n'est plus qu'un cadavre, dont bientôt les corbeaux et les vautours rassemblés se disputeront les lambeaux en attendant qu'ils se dévorent entre eux.

Qu'est-ce donc que l'esprit de la Révolution ?

Jadis la canaille romaine demandait à ses maîtres *du pain* et *des jeux*. Le peuple français, élevé par lui-même à la dignité de citoyen, entend que son travail le fasse vivre, mais il demande la liberté pour laquelle il a versé son sang. Dans son langage simple et imagé, la liberté est aussi le moyen d'acquérir par l'éducation le pain de l'esprit. Il a le sentiment du juste ; il se dit qu'il doit être plus qu'un instrument de production. Il est homme, il sait que toute richesse vient du travail, et que, par une fausse répartition, ceux qui produisent peu ou point ont la plus forte part. Il pressent que la question sociale n'est plus qu'une question de *juste* comptabilité. Il n'y a pas de « vile

multitude ». Au nom de la morale humaine, il reven-
dique son droit à l'instruction et à la dignité personnelle.

Tel est l'esprit de la Révolution. Et cet esprit fera
litière du despotisme communiste, de l'autorité monarchique et du *statu quo* bourgeois, qui règne aujourd'hui.

Je parle sans crainte, je dis ce que je sais et ce que
je crois juste ; je cherche à mettre à profit les raisons
de mes contradicteurs. Michelet a dit « que le peuple
valait mieux que ses meneurs ». Cependant nous pensons que la bonne foi se retrouve au fond des passions
violentes qui animent les partis. Notre critique ne
s'adressant qu'aux idées, malgré la vivacité de nos
paroles, nous entendons toujours respecter les personnes.

III

Autorité & Liberté, définition de ces idées.

Ce premier paragraphe, le plus important de ce travail, est la clef qui doit servir à nous orienter ; il est le
seul qui réclame un peu l'attention du lecteur. La définition des principes clairement établie, il ne pourra
plus y avoir de confusion ; car l'ordre dans les idées est
le point de départ de l'ordre dans la société.

La politique repose sur deux principes qui se con-
tredisent : c'est l'autorité et la liberté. L'autorité tend
incessamment à absorber la liberté, à concentrer le
gouvernement en un pouvoir homogène ou unique, à
seule fin d'administrer les intérêts des différents groupes qui composent la nation. La liberté, au contraire,
réclame l'indépendance afin de laisser aux divers groupes l'administration de leurs intérêts particuliers.
Mais elle reconnaît la nécessité de l'union de ces groupes pour le service d'intérêts d'ordre général, afin de

constituer, non l'unité politique, mais l'unité nationale.
Tel est le principe fédératif, [1] qui a pour conséquence la décentralisation. Le progrès politique s'o-
père donc fatalement par un mouvement d'agitations
alternatives de liberté et d'autorité, c'est-à-dire de fédération et de concentration politique.

Inconvénients primitifs des fédérations. — Dans la
Gaule, la fédération relie entre elles les différentes
tribus. Mais comme dans l'Amphictyonie grecque, les
rivalités des groupes rendent précaire le lien fédéral,
et la centralisation romaine les incorpore à l'Empire.
La centralisation ou l'unité politique a été nécessaire,
il fallait à l'origine dompter les tribus indisciplinées;
grouper les villes isolées et opposées d'intérêts; fon-
der avec l'unité politique une force collective et un
droit commun. Tel a été le résultat de la formation
des grands empires, à qui nous devons les premières
notions du droit et notre éducation civique.

La fédération ne pouvait de prime-abord remplir
cette mission éducatrice « parce qu'elle est la liberté
et l'autonomie ». Mais si cette liberté devait disparaî-

---

[1] Fédération. Union, alliance des divers groupes qui composent
une nation, afin de garantir à chacun son droit et sa liberté d'action. Pacte fait entre les groupes pour constituer l'unité nationale,
subordonnant l'intérêt de chacun à l'intérêt général, mais où les
délibérations des représentants de chaque groupe ne peuvent avoir
d'exécution que par la ratification du vote populaire.

Fédération économique. Traité, contrat, marché entre plusieurs
producteurs-consommateurs se garantissant mutuellement, soit la
vente ou l'achat de produits, la qualité et le juste prix, etc.

Ce qui fait la force et la prospérité des fédérations, c'est que l'autorité et la liberté clairement définies y sont toujours en équilibre
et donnent un ressort puissant d'action et d'initiative aux populations.

Unité politique. Ici c'est juste le contraire qui a lieu : l'autorité
absorbe constamment la liberté, ce qui crée l'esprit d'isolement et
l'impuissance d'association. La nation, toujours mineure, ne se sert
de la liberté qu'elle se donne que pour la détruire; elle est sur la
pente du retour au gouvernement d'un seul, devient stationnaire
et même rétrograde proportionnellement à la puissance souveraine.

tre, elle ne fut jamais anéantie; et si, à l'origine, les inconvénients des fédérations en ont amené la disparition momentanée, l'histoire témoigne aussi que les défauts de l'unité politique ne sont pas moindres et ont toujours causé la ruine et la disparition des grands Empires.

Inconvénients de l'unité politique. — Discipliner la liberté des groupes et les unir, en les intéressant à l'intérêt général, leur laisser l'indépendance pour l'administration respective de leurs intérêts, tel devait être le but de l'unité politique. Mais dans le rôle qu'elle remplit encore, il n'en est pas ainsi; et ce qui l'a rendue précaire et chancelante, c'est qu'ayant détruit la liberté propre à chaque groupe et éteint la vie locale, elle est obligée, n'ayant pas le don d'ubiquité, de déléguer le pouvoir à ses créatures pour l'administration de chaque région, et pour l'exploitation des services publics, de les exercer par elle-même, ou de les concéder comme aujourd'hui avec privilèges onéreux à la spéculation des écumeurs d'affaires ou des traitants. Voilà ce qui soulève les revendications vagues de la liberté, et les protestations contre les gaspillages et les dépenses énormes que ce système engendre.

Equilibre de l'autorité et de la liberté. — Si dans l'évolution des sociétés, l'autorité et la liberté ne peuvent se détruire l'une par l'autre sans danger pour la société, elles doivent donc, d'après l'expérience que nous avons acquise, cesser d'être antagonistes et se retrouver unies avec la force qui leur est propre, faisant ainsi disparaître les inconvénients de l'une par les avantages de l'autre, *et vice versâ;* donner aux nations, avec la liberté, la force de cohésion et de durée qui leur manque encore, créant ainsi un lien de fédération et d'unité où la liberté des groupes se meuve selon la définition exacte de leurs droits, mais soumis à la loi générale de l'unité fédérale.

La vérité politique, de même que la vérité philosophique, n'est pas, comme on le croit vulgairement
et comme l'enseigne le syllogisme, dans l'exclusion
des contraires, mais bien dans leur pondération. Donc,
unir deux propositions contraires et en tirer, non un
principe qui les annule, mais une conséquence supérieure, ou, comme on dit, une synthèse, voilà la seule
méthode qui peut nous aider à constituer les sciences
politiques, morales et économiques, en finir avec le
machiavélisme politique, dompter notre absolue logique, et nous sortir du cercle vicieux où nous tournons encore.

La conclusion de ce premier paragraphe est que
« l'ordre politique repose fondamentalement sur deux
principes : AUTORITÉ et LIBERTÉ, le premier initiateur,
et le second déterminateur ; » ce qui veut dire que le
premier mot appartient à l'autorité, et le *dernier* à la
liberté. C'est le principe qui sert de base à la Fédération suisse, et qui régit la constitution des cantons.

Les penseurs, les esprits éclairés par l'expérience,
ceux que n'aveugle pas l'intérêt ou le fanatisme politique, reconnaissent aujourd'hui la nécessité d'opérer
la décentralisation. Nous avons sous les yeux des exem-
ples pratiques : les Etats-Unis d'Amérique et surtout
la Suisse, où les avantages de la plus large décentralisation sont joints avec l'unité nationale la plus par-
faite de tous les cantons.

Après ce que nous venons de dire, les partisans ex-
clusifs de l'unité peuvent-ils logiquement nous crier :
« Voyez-vous d'ici nos communes autonomes, mises
» en dehors de toute injonction et de tout contrôle
» départemental ; déterminant elles-mêmes leur quote-
» part de l'impôt et le nombre d'hommes à fournir
» aux contingents militaires ; fermant ici les écoles et
» les églises ; arborant le drapeau blanc en Bretagne,
» avec tel nom dessus qu'il plaira au seigneur du lieu ;
» proclamant un Napoléon V quelconque dans le Gers ;

« la collectivité du sol et du sous-sol à Monceau-les-
» Mines. C'est là pourtant l'autonomie communale, où
» l'on finira par ne plus savoir ce que parler veut
» dire. » Jean MACÉ.

Voilà pourtant où en sont réduits les meilleurs esprits de la démocratie, ceux qui parlent des choses
sans les regarder, et croient, malgré l'expérience, que
l'ordre politique ne se trouve que dans l'unité. Et
par ce simplisme fait à l'image de leur moi, ne peuvent reconnaître que cet ordre repose sur une dualité
de principes ou de faits contraires, et ne se découvre
seulement que par leurs rapports, et non par l'exclusion de l'un au profit de l'autre.

Pour l'homme de la centralisation, monarchiste ou
républicain, le mot unité résume tout : la liberté n'est
qu'un mot, son idéal est dans l'espoir d'un gouvernement fort. « Avec l'unité, dit P.-J. Proudhon, chose
» physique, mathématique, qui se voit, se touche, se
» compte, on sait tout en un instant ; on est même
» dispensé dans les cas difficiles de raisonner. Avec
» l'unité, la politique se réduit à un simple machinisme,
» dont il n'y a plus qu'à faire tourner le volant. Tant
» pire pour qui se laisse prendre à l'engrenage. »

Eh bien, ami lecteur, d'après ce que nous venons
de dire, sans grand effort de logique nous verrons
dans ce qui suivra « ce que parler veut dire. »

IV

Le despotisme est inhérent à la centralisation.

Avec ses trois pouvoirs, notre République, œuvre
de l'antagonisme des partis, créa un organisme politique, libéral et modérateur au point de vue unitaire.
Mais en politique, modérer, signifie aussi arrêter, ce
qui rend stationnaire les progrès économiques dont
nous avons le sentiment, et donne à la nation la fièvre

en froid. Pour nous guérir de ce mal, on nous propose la souveraineté d'une seule Chambre. Mais remarquons qu'avec la centralisation ce sera comme une Convention ; encore du gouvernement à la Louis XIV. Nous tomberons de fièvre en chaud-mal.

La centralisation a pour conséquence la concentration du pouvoir : elle en est la forteresse, et par là se forme l'autorité, un absolu qui, par raison d'Etat, absorbera toujours les diverses forces du corps social, éteignant la vie locale, ou, comme disent les Jacobins, l'influence de clocher. Le pouvoir tend aussi à la personnalité, et la responsabilité qu'il invoquera ne sera qu'une fiction qui servira à couvrir son absolutisme.

Avec l'unité politique, que le peuple délègue le pouvoir à une seule Chambre, à un Napoléon ou à un dictateur quelconque, la souveraine autorité, issue du vote populaire ou du droit divin, reposant sur une seule tête, ou partagée entre plusieurs, nous tournons dans le même cercle ; les décrets du souverain sont exécutoires, pour ou contre la liberté ou le sentiment de la nation : c'est toujours le despotisme.

La concentration du pouvoir a pour contrefort la concentration des gros intérêts. Voilà pourquoi les gouvernements forts restent toujours étrangers aux questions sociales que l'idée du progrès économique soulève parmi nous. « Je nie la question sociale », a dit M. Gambetta. Dans la position élevée qu'il occupait, c'est comme s'il avait dit : « L'Etat, c'est moi », substituant ainsi à cette question sa haute personnalité. Il faut que la réaction n'ait guère eu l'intelligence des choses politiques pour n'être pas venue à lui ; il ne lui avait cependant pas *marchandé* en maintes occasions les adulations et les flatteries ; il était prêt à se dévouer pour elle, tandis qu'il devenait menaçant pour le peuple qui lui avait donné ses suffrages. Mais ne médisons pas, il a expié : il s'est laissé prendre à l'engrenage politique qu'il voulait diriger.

V

A M. Jules FERRY.

Philosophie de l'anarchie. — M. Jules Ferry a dit
dans son discours aux radicaux de Lyon : « Pas plus
» que vous, Messieurs, je n'ai peur des idées avancées,
» je ne redoute ni les programmes, ni les esprits
» avancés ; mais je redoute les esprits agités et tur-
» bulents, ceux qui brouillent tout dans la Républi-
» que ». Voilà qui est parlé d'or.

Mais ces esprits turbulents n'ont qu'un but : c'est,
à l'imitation de tous les partis, de renverser le gouvernement pour se mettre à sa place, afin de doter le
pays de leur idéologie gouvernementale. Et notons
que la nation ne voit encore que ce moyen pour avancer, mais y répugne d'instinct, car l'expérience en a
suffisamment démontré l'impuissance.

Moi, en fait de gouvernement, je suis anarchiste ;
je crois à leur disparition prochaine, ou, si vous vou-
lez, à *leur transformation*. Voilà une idée avancée, et
comme elles ne vous font pas peur, nous pourrions en
raisonner et même sur certains points nous entendre.

La liberté de la presse et le droit de réunion que
nous possédons, et dont nous sommes partisans, tels
qu'ils sont constitués paraissent suffisants. Mais cela
est l'anarchie dans les idées ; les conservateurs des
vieilles traditions autoritaires ne s'y méprennent pas.
Eh bien, cette liberté ou cette anarchie est le seul
moyen qui peut servir à former la raison publique et
qui nous soutient. Car les idées personnelles, toujours
étroites et *absolues*, ne contiennent qu'une part de la
vérité, et sont souvent remplies d'erreurs et de zizanie.
Le combat des idées est le crible qui les épure, la
vérité doit tôt ou tard en être le produit et amener
ainsi l'ordre dans la société, en transformant nos opi-
nions individuelles en une synthèse supérieure.

Donc un gouvernement fort avec la liberté ne peut plus diriger les idées, pas plus qu'il ne peut gouverner les intérêts individuels qui sont ingouvernables autrement que par la liberté. Mais ici, remarquons bien que la liberté des intérêts et la liberté du travail, est essentiellement *transactionnelle* et qu'elle tend nécessairement, à l'aide de la mutualité, à constituer comme en une fédération les intérêts opposés, lesquels se pondèreront entre eux, sans aucune ingérence de l'autorité. Ces idées commencent à naître parmi nous, et déjà sur certains faits, la pratique et l'expérience nous sont acquises. Jusqu'ici, nous sommes d'accord.

C'est donc un fait acquis, hors de discussion, que dans la direction des idées, ainsi que dans celle des intérêts individuels, les gouvernements ne comptent plus de rien. Reste donc un troisième et dernier point à éclairer : c'est celui de l'intérêt général que le gouvernement prétend diriger. Qu'est-ce donc que l'intérêt général? C'est celui de la commune, du canton, du département et de la nation qui est composée de tous ces groupes. Mais nous verrons que cet intérêt, comme celui des particuliers, serait beaucoup mieux administré par eux-mêmes, comme cela se pratique en Suisse, que par le gouvernement, qui est à cet effet obligé de consulter leurs vœux, comme le notaire interroge son client pour rédiger sa pensée. Et ces vœux, dont les commissions et les préfets sont les rapporteurs, ne représentent guère qu'une face des choses. Ces enquêtes partiales et ces rapports confus, sont cependant ce qui donne au gouvernement une compétence supérieure à celle de nos députés, lesquels ne représentent que la confusion de nos idées, et qui, pour les épurer, sont toujours en pleine anarchie dans les Chambres sans jamais aboutir, scandalisent la nation de leurs vains et stériles débats, et la *dégoûtent* du parlementarisme.

Le service de l'intérêt général dont on parle tant a été complètement sacrifié par tous les gouvernements;

ils l'ont livré en pâture aux écumeurs d'affaires ; en
concédant des monopoles scandaleux, en aliénant le
domaine public, par la création de la propriété mi-
nière, les privilèges de la Banque de France, des voies
de transports et de conventions faites avec les compagnies, et les innombrables concessions où il a été gas-
pillé depuis 1848 plus de douze milliards à la nation
et à l'épargne nationale.

Savez-vous, monsieur Ferry, ce qui mène aujour-
d'hui gouvernés et gouvernants? C'est la *finance*, ou,
comme dirait Proudhon, la haute peigre. Et maintenant le peuple dit de ceux-ci ce qu'il a toujours pensé
de ceux-là : c'est que ces gens sont à la nation comme
les cuisiniers sont à la cuisine, ils prennent toujours
le premier bouillon.

Jadis, quand les biens et les intérêts étaient aux
mains de quelques-uns, du noble, du sacerdoce et du
prince, le gouvernement était nécessaire, non pour ré-
gir ses intérêts, ils se régissaient entre eux, mais pour
gouverner la masse, et au nom du *droit divin*, la re-
léguer dans l'infériorité, en faisant un instrument d'exploitation aux mains de l'aristocratie, ainsi qu'en té-
moignent l'antiquité et le moyen-âge.

Aujourd'hui, comme demain, les intérêts nantis et
satisfaits, et le pouvoir financier seront toujours l'âme
qui inspirera les gouvernements ; au nom de la démocratie, de la Révolution et du progrès dont ils parlent sans cesse, ils ne font que remplacer par leurs
usurpations l'ancienne féodalité, exerçant principale-
ment leur puissance de préhension dans l'exploitation
des services publics.

Il faut donc les en chasser, comme nous avons chassé
l'autorité de la direction de nos idées et de la direction de nos intérêts particuliers, par la liberté de la
presse et du travail. Il faut les expulser de leur forteresse, en démolissant les murs de cette centralisation qui, à l'aide de l'intrigue des partis, est en train

de perdre la France, et, à l'exemple de la Suisse, pratiquer le *Self-Government*.

Quoi, l'anarchie politique serait désormais le moyen de chasser l'anarchie économique qui nous dévore, et constituerait l'ordre dans la société? Nous pourrions nous passer du gouvernement? Qui pourrait croire cela?

Enfin, monsieur Ferry, je n'ai plus que deux mots, c'est pour dire que la confusion et l'impuissance sont telles aujourd'hui dans tous les partis, que l'opportunisme dont vous êtes un des représentants les plus distingués, est, à vrai dire, le seul logique, puisqu'il a pour conséquence l'immobilisme. En effet, ne vaut-il pas mieux rester stationnaire comme les Chinois, que de tenter des réformes dont votre parti ne méconnaît pas le besoin, mais en nous enseignant toujours que la nation n'est pas encore mûre pour les recevoir, et que la moindre application surexciterait les esprits et troublerait l'ordre social.

Mais avec le suffrage universel, cette situation ne peut durer longtemps sans danger ; car le peuple, lui, ne séparant pas la politique de l'idée de son bien-être, pourrait bien se fâcher et devenir hostile. Il serait donc temps de reviser notre constitution et de reconnaître que l'unité politique qui nous tient lieu de principes, est, comme l'unité religieuse, une chimère qui nous divise; qu'il est nécessaire de constituer l'*unité nationale* par un lien de fédération politique ; et surtout d'ordonner nos intérêts par la création d'une constitution économique que le travail attend, ce qui est autre chose que de politiquer.

VI

Décentralisation administrative.
— Fédération.

Avec la décentralisation, le premier article de la constitution politique serait 1° de donner aux conseils généraux les attributions législatives pour ce qui concerne l'intérêt du département ; 2° de donner aux communes la direction de leurs intérêts respectifs ; 3° de créer un conseil fédéral au-dessus des départements (comme en Suisse), afin de servir l'intérêt général des départements et d'en constituer l'unité ; de plus, investir ce conseil d'un rôle d'initiative générale et de surveillance des droits et libertés dont les constitutions locales sont les dépositaires, et le pouvoir de promulguer les lois générales de la confédération après avoir été votées ou ratifiées par la majorité de la nation ; mais ces lois ne pourront recevoir d'exécution que sur le visa des législations départementales et par leurs propres agents.

Ce système, dit P.-J. Proudhon, est applicable à toutes les nations et à toutes les époques. « Il ne s'agit donc que de définir dans la constitution fédérale et dans les constitutions départementales les attributions de chaque groupe : communes, cantons, arrondissements, départements, ainsi que celle du conseil fédéral. Cette organisation n'étant pas plus compliquée que le système actuel, les éléments de l'ancienne administration, en se transformant, pourraient servir à former la nouvelle ; et la force motrice du corps social, se reportant de la tête à tout l'organisme, en assurera le parfait fonctionnement, avec plus de célérité, et surtout beaucoup plus d'économie.

Séparation des Eglises et de l'Etat. —Il nous est impossible aujourd'hui, avec la centralisation, d'opérer la séparation des Eglises et de l'Etat sans provoquer dans quelques départements une seconde chouannerie. Dans la fédération, c'est le contraire qui a lieu. Notons d'abord que chaque département payant sa part du budget pour les services publics, il en a la disposition. Le conseil fédéral n'ayant pas de budget à cet effet, son veto ou ses décrets ne sont que de simples conseils soumis toujours à la ratification des votes de la collectivité nationale.

D'après la constitution, le conseil fédéral ayant l'initiative des lois d'intérêt général, propose au peuple la séparation des Eglises et de l'Etat. Si la nation rejette cette proposition de loi, une législation départementale peut voter et demander au conseil fédéral, l'autorisation constitutionnelle d'appliquer cette loi à son profit. Aussitôt la demande visée et acceptée par le conseil fédéral, le pouvoir ou la législation départementale soumet cette proposition à l'adhésion de ses concitoyens. Alors le vote populaire, en ratifiant cette loi, le département obtient pour lui seul cette séparation. Le service des cultes s'organisera donc dans cette région avec la liberté, mais sous la surveillance des autorités locales; et le budget qui servait à solder les cultes n'ayant pas été supprimé par un vote national, le département pourra l'employer à d'autres services. Les autres départements, moins avancés, ou plus sages, resteront dans le *statu quo*, attendant le bon ou le mauvais effet de cette loi.

Dans la fédération, l'initiative des réformes et des lois appartient donc à l'autorité, et le dernier mot à la liberté, conformément à notre définition (page 12), c'est-à-dire que la souveraineté du peuple existe positivement.

Dans les communes, cette souveraineté s'exerce également, car toutes les décisions d'intérêt communal votées par le conseil municipal, après avoir été envoyées au visa du conseil d'Etat départemental (comme aujourd'hui à la préfecture) reviennent à la municipalité, qui les soumet définitivement au vote populaire, qui les accepte ou les rejette. (Voilà ce qui se passe en Suisse). Et maintenant M. Jean Macé comprendra-t-il « ce que parler veut dire ».

On objecte que le peuple sera ainsi toujours occupé à voter. Sans doute, comme jadis il était appelé à prier. Il ira donc au scrutin comme il allait à la messe, comme actuellement il va au café. N'avons-nous pas dit qu'il devait désormais faire ses affaires lui-même? On dit : Le peuple est trop indifférent, il s'abstiendra. Aujourd'hui, il a raison de s'abstenir, puisqu'en déléguant sa souveraineté il la perd; et ses mandataires sont toujours impuissants ou infidèles. Mais dans la fédération, sachant ce qu'il fait, il ne *manquera jamais* l'occasion d'exprimer son idée sur les choses qui l'intéressent.

Cependant, j'en conviens, le temps est précieux, il nous faut compter. Trois ou quatre questions communales; autant d'intérêt local et fédéral, en tout six ou huit votes dans l'année, le dimanche matin : total, quatre heures par an à dépenser pour aller au scrutin. On en dépense autant chaque dimanche avec son argent dans les estaminets. Pourquoi récriminer? Est-ce qu'on verrait avec peine se déployer l'activité de l'esprit des populations? Voudrait-on, afin de nous gouverner, nous entretenir dans notre ignorance et notre crétinisme politique.

Il y a sans doute quelque chose à faire, dit-on, mais c'est pousser trop loin l'exemple de la décentralisation, et surtout de la souveraineté auquel le peuple n'est pas encore préparé. En admettant le principe, je suis d'accord. N'allons pas si vite, préparons-nous. Qu'on y mette du tempérament, de la réserve. Sachons bien distinguer ce qui est d'intérêt local ou d'intérêt général. En définissant les choses, on ne tombera ni dans la confusion, ni dans le désordre. Mais commençons par quelque chose : décentralisons. En donnant aux conseils généraux quelques attributions législatives, nous verrons la force de concentration autoritaire diminuer proportionnellement; et en se répandant dans tous les groupes, nous sentirons aussitôt la *névrose politique* qui nous agite et nous fait perdre l'esprit, se calmer aussitôt.

La chose publique, voilà l'enjeu ; sauver la situation compromise par tous les partis, ou abréger la ruine de la nation, voilà le dilemme. Redisons-le donc encore : c'est cette chimère de l'unité politique qui amène les abus de l'autorité, qui compromet l'unité nationale ; qui jadis a perdu Rome ; rend stationnaire les grands Etats, menace de désagréger en Europe les nationalités agglomérées, et a rendu les races latines inférieures aux races germaniques où l'esprit de fédération n'est pas complètement éteint par la centralisation.

Le dimanche 25 octobre 1885, le peuple suisse avait à se prononcer sur une question d'intérêt général, votée par le conseil fédéral, laquelle était soumise à son approbation avant d'avoir force de loi.

Ce vote avait pour objet de ratifier une loi nouvelle sur l'abus de l'alcool, qui, là comme ailleurs, est une calamité. Ce projet de loi a été adopté par le peuple par 224,302 voix contre 152,735. La loi donne aux cantons le droit de réduire, s'il y a lieu, les débits de boissons, et autorise la confédération à frapper un impôt de 50 fr. sur les alcools ; le produit de cet impôt réparti au profit des cantons, à proportion de la population.

Comparons par analogie ce que le peuple suisse répondrait si on lui proposait de ratifier un projet de loi d'intérêt général que le gouvernement impérial a résolu en 1852 en faveur des compagnies de chemins de fer. L'exposé des motifs disant : « On a concédé aux compagnies 45 ans de jouissance et d'exploitation avec de hauts tarifs rémunérateurs, les compagnies s'en trouvent bien puisque les actions sont au pair. Mais pour faire doubler et tripler la valeur de ces actions, je vous propose de proroger cette jouissance de 45 à 99 ans, afin d'enrichir les actionnaires ; ce qui alimentera aussi la spéculation financière, et fera aller les affaires, etc. »

Le peuple suisse répondrait par un vote unanime : Non! non! cela est de la pillerie, et ne passe pas chez nous. Voilà pourtant ce que l'empire a fait à la grande satisfaction de la finance, et ce qui nous vaut de payer les transports des voyageurs quatre fois plus cher qu'en Belgique : et combien d'autres choses comme cela. O! admirable économie de l'unité politique et de la centralisation chez une grande nation.

VII

Le pouvoir et la finance.

Dans un pays de fédération politique, l'administration de la plus grande partie des services publics, ne se séparant pas des groupes où elle doit avoir son action, est de ce fait beaucoup moins onéreuse et à l'abri du gaspillage. Dans la centralisation, au contraire, s'agit-il de travaux d'utilité publique à exécuter, d'entreprise à adjuger, le pouvoir *central* intervient, accompagné d'un auxiliaire puissant : *la finance.* « Quand l'Etat et la finance, dit G. Duchêne, les deux plus grandes forces d'une nation, se prêtent main forte, on peut s'attendre à des prodiges ». Alors la bancocratie prend l'initiative de toutes les entreprises d'utilité publique, et à l'aide du pouvoir se substitue à l'industrie privée (les petites voitures, etc., etc.). Au nom de l'intérêt public, on concède sans adjudication des monopoles scandaleux avec subvention, garanties d'intérêts et de dividende, hauts tarifs, conventions onéreuses, ce qui crée des majorats dans l'exploitation des services publics.

Dans cette transformation économique, la liberté si chère aux anciens économistes ne compte plus de rien. Le public paraît y prendre goût. Chacun attend du gouvernement, et réclame du pouvoir, des travaux, des subventions, des primes d'encouragement, des garanties pour ceci et pour cela, etc. A ce train, il faut plutôt songer à augmenter qu'à dégrever les impôts. Qui oserait les refuser au pouvoir qui les demande, n'est-il pas le père du peuple? Mais aussi, comme Saturne, il dévore ses enfants.

Eh bien, bons bourgeois, nous voilà loin de la liberté industrielle qui était votre mot d'ordre sous Louis-Philippe. Vous avez tourné au socialisme d'Etat que j'ai combattu dans ma précédente brochure, et dont le parti communiste-collectiviste est le représentant ; et suivant logiquement votre exemple, il a pris pour devise : tout par l'Etat[1].

Vous espérez peut-être, dans le collectivisme futur dont vous êtes les initiateurs, obtenir encore comme aujourd'hui des subventions et des privilèges pour les grades que vous pourriez remplir. Mais dans la médiocrité générale, faisant parade de votre vanité devant l'ouvrier, embrigadé, tarifé et molesté, à votre tour vous courberez l'échine devant vos chefs hiérarchiques.

Ne criez pas au paradoxe! La *centralisation aidant*, quelques émeutes dans la rue avec feu d'artifice comme en 1871, et un léger décret pour l'expropriation générale, l'économie bourgeoise aura vécu.

Nous aimons les changements à vue. L'unité politique ne nous les a pas épargnés depuis 89. La comédie tragico-politique n'est pas encore prête de finir.

---

[1] Au moment de publier cet ouvrage, nous lisons dans les journaux que M. Jules Roche a l'intention de déposer sur le bureau de la Chambre un projet qui a pour objet de donner à l'Etat le monopole de l'alcool comme il a celui des tabacs, et par ce moyen, équilibrer le budget de 1887.

Sur cette pente où nous glissons, pourquoi l'Etat n'exploiterait-il pas la fabrication de la bière et des liqueurs? Le voyez-vous encore entrepreneur de vidanges, marchand d'engrais, vendant la poudrette au cultivateur comme il nous vend le tabac et les allumettes, 300 0|0 au-dessus de leur valeur, et ce sans jamais arriver à *équilibrer* son budget. On commencerait *visiblement* à jouir du régime collectiviste, et le peuple de plus en plus continuerait d'être à la diète.

Cela durera tant que la nation n'aura pas formé un lien de fédération politique, et le travail un lien de mutualité ou de fédération économique.

Nous allons continuer ce paragraphe, en rapportant en abrégé quelques faits empruntés au livre de G. Duchêne, sur l'économie impériale. Et si, comme nous le croyons, les gouvernements centralisés sont impuissants pour empêcher le mal, nous verrons qu'ils sont tout-puissants pour le faire.

En passant en revue cette économie, fruit du pouvoir personnel, je n'assimile pas l'administration républicaine que je crois honnête, avec l'ancienne ; seulement la centralisation engendrant les mêmes abus, en les signalant, notre but est d'en amener la réforme en subordonnant l'autorité à la liberté.

« La classe dominante, la plus remuante, la plus
» dangereuse, par conséquent dégagée de tout prin-
» cipe politique, monarchique ou républicain, n'avait
» qu'une préoccupation : s'assurer la jouissance de ses
» privilèges. Elle était prête à faire litière des libertés
» publiques à qui lui garantirait ses revenus. L'empire
» fit mieux, il les porta au delà de ce qu'il était permis
» d'espérer, ou plutôt il donna à l'avidité bourgeoise le
» moyen d'escompter en quelques années les ressources
» d'un siècle, car si absolu que soit un pouvoir, il
» n'est pas en ses moyens de *décréter la richesse*, il
» peut seulement *la déplacer* ». — N'était-ce pas le don
de joyeux avènement, que nous allions payer ?

« Son premier acte économique fut la fusion des
» compagnies de chemins de fer avec prorogation à
» quatre-vingt-dix-neuf ans[1], de concessions dont
» quelques-unes étaient à moitié de leur échéance.

---

[1] Depuis la République, M. Rouher, défendant devant le Corps législatif l'économie impériale afin de justifier les prorogations et les fusions, a fait cette déclaration : « Que la plupart des compagnies étaient obérées, et quelques-unes étaient en faillite : en les mettant en régie, c'était la ruine complète, etc., et que les fusions ont été le plus beau fleuron de l'économie impériale ». Personne

» En même temps que la concentration industrielle
» mettait les chemins de fer sous la main immédiate
» du pouvoir, il y eut pour la bourgeoisie une pluie
» de concessions, de subventions de toutes sortes, un
» déluge d'actions et d'obligations, plus ou moins ga-
» ranties, des titres d'emprunts, des plus-value, une
» hausse sans frein ni raison. On offrait à la plèbe des
» travaux sans mesure, des caisses de secours et de
» retraites, des soupes économiques, des parades et
» des feux d'artifices, etc. Tant pis pour l'avenir ; on
» semblait avoir repris la devise de Louis XV : « Après
» nous le déluge ». Or le déluge a commencé, et la
» corne d'abondance est tarie ».

Nous invitons le lecteur à ne pas s'impatienter par l'exposition des faits que nous allons rapporter. Nous serons bref au possible : deux ou trois pages seulement de cette comptabilité véreuse, et ce sera terminé. Mais n'oublions pas qu'il est indispensable de connaître les choses, avant de les juger, et afin de poser solidement les principes nécessaires pour *appliquer* les réformes.

Une razzia. — Nous avons rapporté à la page 34 de notre brochure, ce que Napoléon Ier disait à propos de la Banque de France : « Une banque d'es-
» compte bien organisée peut fonctionner sans un seul
» sou ». Il pensait sans doute intuitivement que l'escompte des valeurs commerciales pourrait être considéré comme service public et à prix de revient.

Si à l'échéance du privilège de la Banque de France en 1867, cet établissement fût rentré au domaine pu-

---

dans la montagne ni dans la plaine n'a répondu. On aurait pourtant pu répliquer que la situation n'était pas compromise, puisque l'acte de prorogation a fait doubler les actions. Si quelques compagnies étaient obérées ou en faillite, cela tenait au gaspillage des capitaux par les fondateurs et à l'agiotage sur l'émission des actions. Voilà ce qui a perdu le crédit de quelques compagnies, et ruiné les actionnaires sans que le pouvoir y ait pris garde. Pour ne citer qu'un fait, nous dirons que la compagnie du grand Central a payé treize millions des mines de fer et de charbon qui n'étaient estimées, *ad valorem,* que cinq cent mille francs.

blic, comme en 1840 bon nombre de députés censitaires le demandaient, et, en rendant ses services à prix de revient, l'escompte des valeurs commerciales aurait pu être ramené à 0 fr. 70 cent. %, l'an. C'était un avantage immense pour le commerce, lequel, en diminuant ses frais d'escompte, aurait par la baisse du prix des marchandises fait profiter le public. Mais nous allons voir que les législateurs du suffrage universel n'y regardèrent pas de si près, et sur la proposition d'une loi que le gouvernement présenta, votèrent sans contestations, cette prorogation onéreuse à la nation.

Quel était donc en 1857 le motif, le but de cette prorogation à trente ans du privilège de la Banque? Était-ce pour servir l'intérêt public? Non. C'était afin d'opérer une razzia au profit du capital. Ainsi, en 1857, les dividendes étaient de 33 %. Les actions nouvelles, émises à 1,100 francs, ont en entrant en part fait baisser momentanément la somme des profits, mais la création des succursales, en augmentant la masse des escomptes, ces dividendes arriveront facilement à 20 %, ce qui fait pour chaque action 220 francs de bénéfice. Remarquons que lors de la prorogation, les actions nouvelles se sont cotées comme les anciennes, 3,350 francs ; ce qui était déjà une aubaine de 2,250 francs, et aujourd'hui (juin 1885) elles se cotent encore 5,200 francs, et les 20 % que prévoyait notre auteur sont bien dépassés.

Les souscripteurs qui n'auraient pas réalisé et qui vendraient aujourd'hui, réaliseraient donc une aubaine de 4,100 francs sur chaque action, sans compter l'énorme dividende qu'ils auraient reçu. D'autre part, trente années de dividendes à 220 francs donnent pour chaque titre 6,600 francs ; en déduisant la mise, il y aura bénéfice net de 5,500 francs, ce qui, pour 200,000 actions, rendra en trente ans un bénéfice de 1 milliard 100 millions.

Jadis le noble faisait détrousser par ses gens les voyageurs sur la grande route, et leur offrait l'hospitalité. Ainsi a fait en 1857 le législateur du suffrage universel contre l'intérêt public, mais sans compensation.

Comme nous l'avons dit, les chemins de fer ont été livrés en pâture à la finance. On leur a cédé les canaux pour détruire la concurrence. Les prorogations à quatre-vingt-dix-neuf ans ont permis aux *avisés* de la spéculation et aux concessionnaires originels de vendre à plus de cent pour cent de prime à l'épargne française les actions des premiers réseaux, reversant ainsi sur des entreprises en rapport et des actions libérées près de deux milliards de capital sans construire « un mètre de plus », escomptant ainsi le bénéfice d'un siècle d'exploitation.

Si ces deux milliards, immobilisés en pure perte pour la richesse nationale (ainsi que nous venons de le voir pour les actions de la Banque), eussent été joints avec autant que nous avons perdu dans les emprunts étrangers, ils auraient servi à *commanditer* des travaux nationaux. Notre batellerie et nos réseaux secondaires seraient achevés sans avoir passé sous les fourches caudines des compagnies pour les exécuter.

Le gouvernement impérial mystifié. — En 1865, la compagnie du chemin de fer du Nord désirant obtenir un avantage favorable à *ses intérêts*, offre en compensation au gouvernement de transporter la houille et le coke (au-dessous du tarif général qui est de 10 cent.) au prix de 5 à 8 cent. par tonne et par kilomètre. Cette proposition fut approuvée par le comité supérieur des chemins de fer; agréée par le ministre. Le conseil d'Etat, après avoir délibéré, y joignit un beau rapport approbateur ; mais arrivé au Corps législatif, on observa que depuis 1852, afin de faire concurrence

au canal, la compagnie appliquait un tarif minimum
de 3 cent. 1/3. La surprise fut grande, et la proposition fut rejetée avec le mépris dû à ses auteurs.

« On ne sait en vérité, dit M. G. Duchêne, de quoi
» le plus s'étonner, ou de l'effronterie des écumeurs
» qui se permettent de faire à un gouvernement de
» semblables mystifications, ou de l'imbécillité des
» hommes d'Etat qui les subissent sans y rien voir.

» Les 3,000 kilomètres de chemins de fer qui sil-
» lonnent la Belgique donnent une moyenne de plus
» de 25,000 francs par kilomètre, avec des tarifs de
» marchandise 25 % inférieurs à ceux des compagnies
» françaises et des tarifs de voyageurs *réduits* presque
» à *l'absurde*. En effet, si ces tarifs étaient appliqués
» au réseau du Nord, un voyageur de Roubaix, Tour-
» coing ou Lille pour Paris paierait en première classe
» moins de 7 fr. et moins de 3 fr. 50 en troisième
» classe. Le trajet, qui coûte en France 244 fr., n'est
» payé en Belgique que 43 fr.
» La direction des banques, sociétés de crédit, pa-
» quebots, chemins de fer, grandes usines, grande
» métallurgie, gaz, etc., est concentrée aux mains de
» cent quatre-vingt-trois personnages disposant d'une
» façon absolue des agglomérations de capitaux qu'ils
» dirigent, représentant plus de 20 milliards d'actions,
» d'obligations au cours d'émission ; c'est-à-dire le
» plus clair de la fortune publique et surtout de tous
» les grands engins industriels par l'intermédiaire des-
» quels le reste de la production dite libre est obligé
» de passer.
» Après l'accaparement, la pillerie. Les fraudes in-
» ventées par la féodalité financière sont telles que
» jamais l'imagination des romanciers et les prévi-
» sions du législateur ne sont allées jusque là.
» En police correctionnelle, les magistrats se sont
» trouvés désarmés, parce que la loi n'avait pu pré-

» voir des actes aussi révoltants que ceux dont les dé-
» bats leur ont apporté la révélation.

   » Huit cents faux révélés sur les livres d'un agent
» de change ;

   » Mise en actions de terrains qui n'existent pas ;

   » 10 millions de détournements dans une affaire au
» capital de 40 millions ;

   » Assemblée d'actionnaires composée en majorité
» de claqueurs étrangers à l'entreprise ;

   » Mines de houille et de fer du coût de 500 mille
» francs, apportées en société par les fondateurs au
» prix de 13 millions — je crois que c'est du chemin
» de Clermont-Ferrand à Montauban que veut parler
» l'auteur que je cite ;

   » Dédoublement d'actions mettant à la charge de
» l'amortissement 20 et 40 millions qui n'ont jamais
» été versés, etc. »

Nous terminons ici nos citations déjà trop abrégées,
en renvoyant à l'auteur, afin d'édifier le lecteur sur
la valeur des gouvernements sous qui se passent de
semblables méfaits. C'est sous le dernier Empire que
G. Duchêne a publié deux volumes sur les agissements
de la spéculation financière et industrielle de ce temps :
LA SPÉCULATION DEVANT LES TRIBUNAUX, Paris, 1867 ; et
L'EMPIRE INDUSTRIEL, Paris, 1869. Si l'auteur existait
encore, il trouverait de nos jours matière à de nouvelles
publications. Nous allons terminer ce paragraphe en
rapportant un acte de pillerie qui s'est passé l'an dernier
à propos d'émissions d'obligations de chemins de fer.

Myopie du gouvernement républicain. — Tout le
monde connaît les scandales financiers de ces der-
nières années et les effondrements qui ont eu lieu. Je
vais mettre encore sous les yeux du lecteur une citation que j'emprunte au journal LA JOURNÉE FINANCIÈRE,
du 12 janvier 1884, à propos de l'émission de 26 mille
obligations de la compagnie de Bone-Guelma.

« Le deuxième reproche adressé à la compagnie,
» dit ce journal, est beaucoup plus grave, il explique
» pour ainsi dire la cause de l'infériorité du prix des
» obligations, parce qu'il s'agit d'un *gaspillage* des
» deniers de la société, pour ne pas employer un mot
» plus sévère, qui cependant serait parfaitement en
» situation.

» En effet, il est inouï de penser que la société cède
» ses obligations à 250 fr. à des banquiers, tandis que
» le prix d'émission garanti par l'Etat est de 310 fr. 10 c.
» Les banquiers ont donc réalisé 63 fr. 10 de bénéfice
» par titre, soit, pour 26,000 obligations, un bénéfice
» de 1,640,600 fr., alors que les banquiers n'ont pas
» le moindre risque, et pas même les frais de publi-
» cité pour cette émission. »

Quoi, l'Etat garantit des obligations à 330 fr. 10,
tandis que la compagnie les livre en pâture à l'avidité
des écumeurs à 250 fr., et cela à la barbe et au nez
du gouvernement républicain. Mais ajoutons pour
l'honneur de ces derniers, que la centralisation les a
rendus myopes. N'accusons pas les personnes, mais
démolissons les principes qui peuvent créer de semblables abus.

Il faudra donc, pour combler le déficit, continuer
comme on a déjà fait : maintenir les hauts tarifs et
parfaire les dividendes. C'est toujours le peuple qui
paiera. Voilà l'avantage qu'il obtient des gouvernements centralisés. Sous Louis XIV, on n'allait pas si
vite dans les dilapidations, et la monarchie en est
morte en 1789.

Il est regrettable que le public, qui se passionne
si facilement pour les partis politiques qui lui sont
chers, répugne à regarder le dessous des cartes et à
s'occuper de ses intérêts, les laissant ainsi gaspiller
par l'ineptie des politiciens et l'avidité des traitants...
quitte, quand il en est à la lie, à s'émeuter pour s'en
débarrasser, mais inutilement ; car en ferait-il des

auto-da-fé que, comme le phénix, ils renaîtraient de
leurs cendres !

Rétrogradation économique. — De combien avons-
nous rétrogradé sur le régime antérieur à 89, dit
G. Duchêne, car il n'y a plus de forfanteries égali-
taires à étaler. Les lois de caste et de privilège ne
laissent aucune place à l'illusion. Nous sommes en
plein servage.

Autrefois, la *dîme* ou *dixme* prélevait, comme son
nom l'indique, jusqu'au dixième des produits du travail, c'était le maximum de la prélibation privilégiée ;
encore la faculté de s'acquitter en nature apportait-
elle une atténuation à la rigueur de la taxe. Aujour-
d'hui, le capital de la banque ne travaille pas à moins
de 12 à 20 %; les compagnies de chemins de fer riches supputent également par 12 et 20 %, c'est-à-
dire par le cinquième, le double de la dîme. Le Crédit
foncier table sur 25 %, le quart. Le gaz sur 27 à 28 %,
deux fois et demie la dîme. Notre auteur oublie la
compagnie d'assurances à plus de quatre fois la dîme,
et certains charbonnages à dix fois et vingt fois la
dîme. Etonnons-nous donc que malgré notre richesse
productive tout soit cher et la vie de l'ouvrier difficile.

VIII

Comptabilité sociale.

Opulence et misère. — Si, comme nous venons de
voir dans le paragraphe précédent, l'économie de la
société va à la dérive, nous allons voir dans ce qui va
suivre que rien ne se perd, et que ce qu'il manque aux
uns, se retrouve et revient aux autres.

L'Angleterre est la nation la plus riche du monde ;
c'est aussi là où la richesse individuelle est la plus considérable ; c'est, à vrai dire, le pays des milords, mais

c'est là aussi où la misère est la plus grande et la plus hideuse. On y voit des familles, des populations entières vivant dans un état de bestialité complète. La pudeur ne permettrait pas ici d'exposer l'état d'immoralité et de dégradation de ces malheureux déshérités de la fortune.

Dans le royaume uni de la Grande-Bretagne, dit M. de Morogues, le paupérisme atteint un quart de la population et sur certains points un tiers. M. Moreau Christof, « un homme bien pensant », cherchant le mot de l'énigme, n'hésite pas à dire : C'est que l'augmentation du bien-être va à quelques-uns, et la misère à tous les autres.

D'après le même auteur, c'est en Angleterre, où l'industrie et le commerce sont le plus avancés et où l'accumulation des capitaux est la plus considérable, qu'il y a un indigent sur cinq ; et en Russie, pays le plus en retard et que nous traitons de barbare, il n'y en a qu'un sur cent habitants.

D'après M. Watteville, dit G. Duchêne, on compte en France un indigent sur cinq à douze habitants, et dans nos départements les plus pauvres, un sur vingt-huit à quarante-deux seulement[1].

Voilà qui confirme ce que nous démontrerons encore, que le progrès de la richesse s'opère par un mouvement contradictoire de misère, dont la cause est dans la fatalité même du développement économique et par le manque d'une répartition équitable. La justice distributive ayant été impuissante à rétablir l'équilibre, qui pourra rompre la fatalité ? La fédération économique.

D'après le Liverpool Courrier (journal anglais, juin 1880 ; citation empruntée au Petit Journal),

---

[1] La pauvreté et l'indigence ne sont pas toujours apparentes. Si le maximum du budget du travailleur est de 1,600 francs pour quatre personnes, il est clair que ceux qui en travaillant ne réalisent que 15, 12, 9, 8 cents francs seront progressivement dans la gêne et la misère, sans être à l'abri des accidents, de la maladie et des chômages, etc.

voici les détails qu'il donne sur la fortune de quelques personnages réputés les plus riches du monde :

1° Duc de Westminster (Sa Grâce), revenu 800,000 livres sterling ou 20 millions de francs par an, 50,000 francs par jour ;

2° Jones de Névada, sénateur américain, 1 million de livres sterling, 25 millions de francs ou 50 francs par minute ;

3° Le chef de la famille Rothschild, 2 millions de livres sterling de rentes, ou 100 francs à dépenser par minute ;

4° J.-W. Mackaie (en Irlande), 2 millions 750,000 livres sterling, ou 68 millions 750,000 francs, ce qui fait 125 francs de rente à dépenser par minute.

L'exemple est avant toute réflexion, avant toute instruction et toute recherche philosophique, le point de départ spontané de l'éducation générale d'une nation.

On dit : Tout le monde ne peut pas être riche ; mais, comme nous venons de dire, l'exemple paraît bon à suivre, et il est certain que tout le monde désire l'être et, ma foi, n'importe par quel moyen, sans doute en dehors du travail ordinaire. Mais un homme, dans sa spécialité, ne produisant en moyenne que comme un, voilà qui confirme la maxime que nous avons citée dans notre précédente brochure, à savoir « qu'on ne fait bien ses affaires qu'avec l'argent des autres ».

Mais on objecte : C'est le génie et la spéculation honnête qui ont produit cette richesse individuelle. Cela est-il vrai ? Mais ce qu'il faut observer avant de fixer notre jugement, c'est que la diversité des aptitudes crée nécessairement dans la société leur équivalence, et que les œuvres du génie ne sont pas le seul fait de l'individu : « La science d'un Newton a coûté cinq mille ans de travail à l'humanité » ; il en est ainsi dans toutes les spécialités du travail et du savoir, où chacun ne fait qu'ajouter sa petite pierre à l'édifice de nos connaissances.

Le vrai génie est dans la constance et dans la persistance de l'idée; la vie d'un homme se passe souvent sans qu'il puisse arriver à en faire l'application ; la ruine, le dénument et la misère, joints à l'indifférence publique, en sont trop souvent la récompense.

L'imagination s'effraie, dit M. Horace Say, à l'étendue des recherches qu'il faudrait faire afin de montrer tous les travaux qui ont été nécessaires pour amener à sa perfection le moindre des produits quelconques.

Si les fortunes acquises, dont le journal anglais nous montre le tableau, ne sont pas un scandale, elles sont du moins la preuve que l'économie de la société est encore à créer au point de vue de la justice, et que l'ignorance et le hasard tiennent la plus grande place dans la répartition de la richesse, car elle est pour la plus grande partie le produit de la force collective, et si l'individualité concourt à la produire, ce n'est que pour une plus faible part. L'homme isolé ne peut rien produire, et celui qui a 125 francs de revenus à dépenser par minute, s'il était seul habitant et seul propriétaire de l'Irlande, réduit à sa seule force, demain il serait réduit comme le sauvage à vivre de racines et bientôt à mourir de faim. Notre bien-être tient donc à l'équivalence et à la solidarité de tous les producteurs.

Malheur aux riches, a dit Jésus-Christ; mais il aurait dû ajouter : Malheur à nous tous ; car ces immenses revenus ne sont produits que par le travail dont il ne profite pas, mais qu'il paie. Cela ne nous empêche pas de tenir en grand honneur les favoris de Mammon, et de mépriser souverainement ceux qui n'ont rien. Et si, comme dit le proverbe : « Pauvreté n'est pas vice », nous pouvons ajouter qu'elle est pire; car le vice, chez les grands, est masqué par l'opulence, tandis qu'il à est découvert chez le pauvre.

C'est donc le travail qui paie les violons. Mais nous pourrions, en dépit des satisfaits, penser encore aujourd'hui ce que l'on disait tout bas sous la fin du règne de Louis-Philippe : « Nous dansons sur un volcan. »

Frais généraux de la Société. — D'après les économistes, la production annuelle de la France est à peu près de 14 milliards, pour 35 à 36 millions d'habitants, ce qui donne, dans la répartition générale, 400 francs par année et par tête, ou 1,600 francs pour un ménage composé de quatre personnes.

Mais cette richesse est grevée de frais et de faux-frais par les bénéfices de l'agiotage, de l'usure, les privilèges exorbitants des monopoles et la masse de l'impôt. Je crois être, comme nous le montrons plus bas, au-dessous de la vérité, en élevant à 7 milliards 300 millions le prélèvement des frais de toute sorte qui s'opère avant part, sur la totalité de la production.

Il ne reste donc plus dans la répartition, pour ceux qui n'ont ni rentes usuraires, ni agiotage à exercer, ni privilège de monopole, ni subventions à recevoir, et qui paient l'impôt sur leurs consommations, il ne reste, dis-je, au lieu de 400 francs, à peine que 200 francs par tête, ou 800 francs par famille de quatre personnes.

C'est donc à l'aide d'une comptabilité exacte que nous pouvons seulement voir clair à nos affaires, afin d'opérer, si faire se peut, la réduction des frais généraux qui grève la richesse sociale.

D'après la statistique budgétaire des différents Etats de l'Europe, il est démontré que les frais généraux des gouvernements progressent non en raison de l'étendue de la nation, mais « en raison directe et géométrique de la centralisation ».

En Suisse, la moyenne de la contribution par tête est de 15 fr. 97 dans chaque canton, *plus* la contribution fédérale qui revient aussi à 6 fr. 89 , ce qui fait un total de 22 fr. 86. Tandis qu'en France, pour une population de 35 millions, avec un budget de 3 milliards 500 millions, elle est de 100 francs par tête. Et cela sans compter le budget des villes et des communes.

En décentralisant les services publics comme en Suisse, et d'après la population de la France, notre budget des quatre-vingt-neuf départements (y compris celui des villes et des communes) serait de 603 millions 640 mille francs, et le budget national ou fédéral, celui qui servirait à constituer l'unité des départements, s'élèverait à 220 millions ; ce qui ferait ensemble un budget de 824 millions. Différence avec le budget actuel, 2 milliards 324 millions. Ici il n'est pas besoin de commentaires.

Vous oubliez, nous dit-on, que la France n'est pas la Suisse, et que nous avons à servir l'intérêt de la dette perpétuelle qui est d'un milliard, l'amortissable, la dette flottante, le budget de la guerre, etc., et ces services sont irréductibles aujourd'hui. Oui, sans doute, mais il faut en reporter la cause aux fautes accumulées *de tous les gouvernements* centralisés et autoritaires, toujours surpris de dépenses imprévues, et qui présentent incessamment au Corps législatif la carte à payer de leurs folles entreprises, causent des déficits, lesquels finissent par se couvrir par des emprunts successifs. Tout le monde reconnaît que la situation est difficile, et qu'une crise imprévue et persistante pourrait bien amener une débâcle ; car le budget de l'Etat, des villes et des communes est au moins de 4 milliards et demi. Il n'est pas rare de voir les autoritaires, quand ils sont dans l'embarras et qu'ils ne peuvent plus payer, convertir la dette. Et dans les cas difficiles, pour aller plus vite, ils pourraient bien déchirer le grand livre, ainsi que le conseillait M. Achille Fould à Napoléon en 1852 ; c'est-à-dire faire banqueroute.

La centralisation autoritaire peut seule faire de ces tours de force. Ne vaudrait-il pas mieux, pour nous tirer d'embarras, opérer, comme je l'indiquais dans ma brochure, la liquidation de nos dettes, et non faire banqueroute. Et pour diminuer nos impôts, d'entrer largement dans la voie de la décentralisation.

Catégories des frais de la production nationale. — Après avoir comparé les frais d'administration de la centralisation française et de la fédération suisse, nous allons dresser le tableau, par catégories, des frais et faux-frais dont est grevée notre production nationale, avec l'indication des moyens d'en opérer la réduction; lesquels sont pour la plupart développés dans notre brochure précédente.

Première catégorie. — Frais d'administration et d'ordre public ; dette nationale, ensemble 3 milliards 200 millions. Réduite à 824 millions, 1° par le remboursement de nos dettes ; 2° et par la décentralisation administrative.

Seconde catégorie. — Frais de l'exploitation spéculative et agioteuse des services publics, livrés en monopoles *onéreux*, aux écumeurs d'affaires : 500 millions, disparaissant par la libre concurrence, ou, s'il y a lieu, par les adjudications de monopoles à prix de revient.

Troisième catégorie. — Frais qui forment les gros revenus de l'agiotage dans le commerce et l'industrie, et des monopoles de fait : Un milliard. Disparaissant 1° par la mutualité, ou la fédération libre des producteurs-consommateurs ; 2° par la mercuriale ou publicité du prix de revient des produits ; 3° par la transformation, opérée par le législateur, des monopoles de fait en monopoles de droit, à prix de revient.

Quatrième catégorie. — Frais d'escompte, intérêt de l'argent, prélevés sur l'échange des produits, par le roulement des capitaux : Un milliard. Réduit à 100 millions, 1° par l'escompte des valeurs commerciales à prix de revient ; 2° par le crédit mutuel, c'est-à-dire gratuit, ou à prix de revient.

Cinquième catégorie. — Frais de la rente de la terre que les propriétaires de terres à grand rendement reçoivent, et que nous payons tous sur notre pain quotidien, « comme un droit de douane » afin de protéger les mauvaises terres qui n'ont pas de revenus, et de les rémunérer par le prix élevé des céréales : Un milliard 800 millions. Réduit à 600 millions à l'aide de l'impôt foncier. Cette reprise servirait : 1° à indemniser les terres qui n'ont pas de rentes ; 2° à alimenter le budget des services publics. Et les 600 millions restant de cette rente seraient acquis au propriétaire-cultivateur, comme droit à la plus-value, afin d'entretenir son activité, de conserver sa liberté de producteur, pour l'entretien et l'amélioration de sa terre ; ce qui n'a pas lieu dans le fermage, ou si la propriété foncière devenait communale ou collective.

Si, comme nous en avons la certitude, cette méthode toute de comptabilité est le seul moyen de faire avec raison de la politique et de l'économie sociale, elle aurait pour résultat de tarir la source des revenus parasites ou illégitimes ; de nous exempter de faire l'essai impraticable de l'impôt sur les revenus et le capital, etc. ; d'abandonner tous les partis politiques autoritaires ; de créer la science sociale et de nous sortir de l'imbroglio où nous sommes ; ce qui permettrait au sens commun toujours si pratique de voir clair à ses affaires ; et, à l'aide de la liberté, de réaliser les justes réformes qui intéressent tous les partis.

Le résultat de cette méthode, toute de comptabilité, ne se ferait pas attendre, et en peu de temps les frais de l'administration et ceux de la production pourraient diminuer progressivement, et selon le tempérament qu'on y apporterait, soit de 20, 30, 40 à 70 0[0, et de 7 milliards 300 millions qu'ils sont aujourd'hui, descendre proportionnellement à 2 milliards 290 millions, ce qui représenterait au maximum pour chaque ménage un avantage de 783 francs, et au minimum, un de 396 fr. 50. Cela veut dire que nous aurions les transports à bas prix comme en Belgique, la houille, le gaz, les toiles, le pain, et tous les produits à bon marché. Toute la question est là. L'avenir ne me démentira pas.

Cinq cents francs en moyenne de richesse de plus par ménage : voilà un actif qui permettrait d'augmenter de près de moitié la consommation nationale, éviterait les chômages et la permanence des crises dont l'industrie et le commerce sont affectés, ce qui nous permettrait encore de faire une concurrence redoutable à l'étranger, à moins qu'il ne se révolutionne aussi.

L'agiotage, les *gros intérêts*, les subventions d'Etat et les monopoles privilégiés, sont cause de l'immobilisme et de la *désorganisation économique* dont nous sommes atteints.

Cinq milliards 500 millions de payés en plus, pour des services factices et surfaits. Voilà l'objet de nos convoitises, et le gâteau que se dispute l'avidité des traitants, des usuriers, écumeurs d'affaires, monopoleurs et agioteurs de toutes tailles; véritables pieuvres qui sucent le plus clair des produits du travail. La voilà l'origine et la source des immenses revenus dont nous venons de parler, et que notre ignorance qualifie encore d'heureuses et honnêtes spéculations. Mais c'est aussi ce qui forme les *éternelles* revendications du peuple. C'est la question sociale que les fins politiciens n'osent regarder en face, et qu'ils se donnent la peine bien inutile de nier : c'est elle que l'opportunisme libéral croit pouvoir ajourner indéfiniment, mais que d'autres partis prétendent résoudre par l'autorité et le despotisme; mais qui sous cette forme se représentera toujours plus intense et plus vivace que jamais.

IX

Constitution économique.

Dans une grande nation où la propriété est peu divisée, où le monopole est tout-puissant, où le salariat industriel existe, où l'ouvrier reste isolé, où la fortune est concentrée aux mains de quelques-uns, et dans la caisse des grandes compagnies, une fédération politique, quelque bien organisée qu'elle fût, ne pourrait durer longtemps; la concentration des gros intérêts appelle un pouvoir fort afin de la garantir, de gouverner la masse et contenir ses aspirations. Et quelle que soit la forme du gouvernement, le résultat sera le même : il deviendra conservateur des privilèges, unitaire et autoritaire.

La liberté individuelle est une chose précieuse, mais n'empêche pas de se ruiner en travaillant et de mourir de faim. La liberté du travail étant une des forces la plus puissante de la production et de la richesse, il est de toute nécessité de la garantir à l'individu comme à la collectivité, par le contrefort d'une constitution économique, facilitant, par le crédit gratuit, l'assurance mutuelle, l'association fédérative, etc., etc., l'accès de tous les travailleurs à la propriété et à la possession des instruments du travail et du capital; servant ainsi de contre-poids (*hic*) à la liberté absorbante des privilèges, du monopoleur, et à la royauté des pièces de cent sous; lesquelles concentrées dans les mains de quelques-uns, deviennent des instruments de domination et de perturbation. Et cette constitution, en donnant au riche et au pauvre la sécurité et la paix, doit être aussi le programme toujours perfectible de l'esprit de la Révolution.

Rappelons donc aux indifférents et aux conservateurs que ces idées pénètrent de plus en plus la masse, et doivent ouvrir l'ère de l'égalité *des moyens*, sinon des fortunes. Le mouvement est déjà commencé, et la Révolution avance lentement, mais sûrement ; écrasant sous son char ceux qui essaient de l'enrayer, comme ceux qui l'encensent. Sa force est irrésistible, sa voie est la justice, le moyen la science. Il ne s'agit pas de discuter de son opportunité. Ce qu'il faut, c'est de nous préparer à bien la recevoir.

Depuis 89, nos chartes ou nos constitutions sont, comme le remarque Royer-Collard, plutôt faites pour organiser le gouvernement que la société. « Il ne reste rien du passé, s'écrie-t-il, la société est en poussière ». Ce qui veut dire que la société économique n'est pas formée, et qu'elle attend encore son organisation. Et cette organisation ne peut se réaliser que par la création d'une *constitution économique*, véritable charte des droits des producteurs-consommateurs. Cette constitution doit être comme un contrat social : elle doit avoir pour base et reconnaître, en en donnant *la définition exacte* :

1° La solidarité de tous les intérêts ;
2° L'équivalence dans la variété des aptitudes ;
3° La mutualité ou la réciprocité dans l'échange des produits ;
4° L'approximation de la valeur des produits d'après le travail qui a servi à les former ;
5° La libre concurrence [1] ;

---

[1] La mutualité pour la production ou l'échange des produits, implique pour les contractants, ainsi que pour les justes conventions, l'approximation de la valeur ou prix de revient, mais ne rejette nullement la libre concurrence (ou concours), ainsi que l'offre et la demande qui sont les moyens essentiels pour établir cette approximation.

6° La discipline des monopoles ;

7° Le crédit mutuel ou gratuit ;

8° L'accès de tous à la propriété immobilière, en substituant, *où il y aura lieu*, le contrat de vente au loyer de maisons, et au bail à ferme, ou loyer de terre[1] ;

9° Rachat des chemins de fer et des diverses valeurs engagées pour les services publics, afin de mettre un terme à l'incompatibilité de la liberté spéculative qu'exercent les compagnies, en violation des cahiers des charges qui les annexent au domaine national. Création d'une loi sur la formation des diverses sociétés et *définition* de l'intérêt dans la commandite ;

10° L'initiative des entreprises d'intérêt général dévolue aux chambres de commerce ou aux groupes qui ont intérêt à les produire ;

11° L'assurance générale et mutuelle pour tous les risques ;

12° Définition exacte (et facile) des plus-value, seul moyen légitime de baser l'assiette de l'impôt, pour solder les frais d'administration ;

13° Droit *pour la nation* de créer des impôts facultatifs, soit sur les mutations et les consommations, afin de former une caisse de crédit mutuel et une de retraite pour la vieillesse et les invalides ; et finalement le droit d'établir un impôt progressif comme arme défensive de la société contre l'accaparement des instruments du travail par les monopoles. Cet impôt pourrait,

---

[1] La première partie de la huitième proposition implique la question du loyer des logements dans les grands centres de population. Sous l'Empire a paru comme ballon d'essai une brochure anonyme et que l'on supposait partir de l'initiative d'en haut. Elle était intitulée : *Pourquoi des propriétaires à Paris ?* Voilà tout ce que j'ai su de cette publication. Dans les grands centres, par la facilité des locations et la cherté des loyers, le propriétaire est peu soucieux du confortable et de la salubrité des logements ; ce qu'il lui faut, c'est d'obtenir de bons revenus avec un moindre capital. Si dans les grands centres la propriété immobilière était communale, il est certain que le prix des loyers servirait à l'amélioration de ses immeubles, et une fois l'amortissement effectué, le peuple aurait des logements confortables, salubres et à bas prix.

s'il y avait nécessité, servir à la liquidation de la dette nationale, et serait l'équivalent de l'incom-taxe en Angleterre ;

14° L'instruction secondaire et professionnelle ;

15° Formation des compagnies ouvrières pour le travail collectif ;

16° Réforme de l'ordre judiciaire, suppression des frais de justice, et partout au civil, la faculté pour le défendeur de demander une constitution d'arbitres, etc., etc.

Une constitution économique serait donc la nouvelle charte du travail, que la Révolution de 89, tout occupée de politique, a omis de nous donner en démolissant l'ancienne, et dont aucun gouvernement ne s'est encore occupé. Cette omission a obligé le législateur moderne, afin de combler cette lacune, de fabriquer et de codifier une quantité innombrable de lois contradictoires, qui sont comme une toile de Pénélope, ce qui nous ferait croire que leurs auteurs sont étrangers à la science de l'homme, des choses de la société et de son économie.

On parle de supprimer les frais de justice, on bégaie sur les institutions de crédit, les assurances mutuelles, les caisses de retraite pour tous les travailleurs, l'instruction professionnelle, la formation des compagnies ouvrières, etc., etc. Mille ans de parlementage ne suffiraient pas à éclairer les 16 propositions que nous venons de formuler. Il ne faudrait pas quatre ans au principe fédératif pour les résoudre affirmativement.

EXEMPLE : *Solution de la 7ᵉ proposition par le vote populaire.* — Exposé des motifs. Le conseil fédéral, après avoir délibéré en séance publique et livré le résumé des débats à la publicité, considérant, qu'après la liquidation de la dette nationale qui doit s'effectuer prochainement, il y a lieu de doter la nation de l'institution du crédit gratuit, lequel doit faire partie des services publics, d'intérêt général, 1° parce qu'au

point de vue industriel et commercial, l'emprunteur,
tout en cherchant à servir son intérêt personnel, emprunte aussi pour consommer une valeur afin d'en
produire une autre; qu'à ce point de vue, il doit être
considéré comme entrepreneur de richesse sociale. 2°
Que du fait même de la concurrence intérieure ou
extérieure, il arrive souvent que l'emprunteur ne peut
faire entrer dans le prix de son produit la rente qu'il
paie au créancier : il est en déficit et bientôt il se
ruine. Tel est le cas de certains fermiers et agriculteurs qui réclament aide et protection, et aussi de
ceux qui commencent à s'établir et à travailler avec
l'argent des autres, ne pouvant ainsi soutenir la concurrence de ceux qui travaillent avec leurs capitaux.
3° Le crédit mutuel et gratuit servira également à
l'artisan, à l'ouvrier, qui pourront acquérir la propriété
de leurs logements et celle des instruments de leur
travail; car la rente qu'ils payaient avant, servira,
sous forme d'annuité, à rembourser le principal. 4°
Cette loi, dont nous proposons l'adoption au peuple
français, est une institution de justice commutative
ou mutuelle, puisque la caisse sera le résultat du produit des impôts indirects, qui, comme une cotisation,
servira à en former le capital, et constituera pour la
masse du pays l'épargne par l'impôt et le pouvoir
d'acquérir la propriété.

ARTICLE PREMIER.

Le crédit est d'institution sociale; il sera gratuit.

ARTICLE 2.

La caisse en sera formée par le produit des impôts
indirects. Quand elle aura atteint un capital de 12 milliards on procédera, s'il y a lieu, au dégrèvement de
ces impôts.

ARTICLE 3.

Le remboursement se fera par annuités, depuis 5
jusqu'à 100 °/₀ inclusivement. Un droit de 0 fr. 50 °/₀

sera perçu pour les frais d'administration de la caisse.

ARTICLE 4.

Les administrations départementales dresseront les statuts et règlements de cette caisse, selon l'usage et la coutume des localités, et les présenteront au *visa* du conseil fédéral qui donnera aussitôt l'exéquatur.

Croit-on que le peuple français hésiterait à se prononcer pour l'affirmative sur une loi qui, en donnant la sécurité et la liberté au travailleur, lui donnerait l'accès à la propriété. On pourrait donc ainsi présenter au vote populaire nos seize propositions ainsi développées, et sans crise ni secousse accélérer la marche de l'évolution sociale.

X

Instruction professionnelle.

Il faut tenir compte de la bonne volonté du législateur républicain qui, ayant inscrit dans nos institutions la *devise* de l'égalité, a tenté d'en faire l'application par la loi sur l'instruction primaire gratuite et obligatoire; faisant ainsi entrer complètement cette branche de l'instruction dans les services publics.

L'infériorité où est confiné le peuple, tient pour une bonne part, non à l'insuffisance des écoles, mais à l'insuffisance même de l'instruction primaire, et par cette nouvelle loi dont l'idée est d'instruire et de moraliser, nous demandons : le but sera-t-il atteint? L'instruction primaire n'est que la notion rudimentaire de nos connaissances et le moyen de les acquérir, mais ne donne pas au travailleur l'instruction professionnelle de son métier, laquelle, en élevant son intelligence, servirait aussi à le moraliser.

Mais il n'y a pas de place pour l'instruction professionnelle des travailleurs, quand la propriété, l'industrie et les entreprises sont concentrées aux mains des capitalistes. A quoi servirait en effet l'instruction professionnelle au manœuvre, au salarié de la division du travail, au serf attaché aux machines, au forçat renfermé dans les mines, aux 300 mille employés des chemins de fer, etc. ?

Sous tous les rapports, cette instruction, si nécessaire à l'ordre social, ne peut être réalisée par aucun gouvernement centralisateur ; les intérêts établis et les frais nécessaires ne le permettraient pas. Une telle création ne peut exister que par la décentralisation et par la création d'une constitution économique. Ainsi, chaque canton ayant une école supérieure, où l'on pourrait donner dans une mesure nécessaire une instruction « n'ayant rien d'aristocratique », mais suffisante pour l'enseignement de la littérature, de la morale et des sciences professionnelles. « Pareil but, dit P.-J. Proudhon, ne peut être atteint que par une combinaison de l'apprentissage et de l'écolage, qui fasse de chaque élève un producteur ». Seuls les cantons, les communes et les compagnies ouvrières trouveraient le moyen d'avoir des écoles et des professeurs à peu de frais, créant pour certaines divisions de l'enseignement des professeurs ambulants qui, périodiquement, iraient dans les campagnes, usines, etc., donner leurs leçons, comme cela se pratique déjà en Allemagne pour l'agriculture, et chez nous pour l'horticulture, et pour la morale on pourrait avoir des professeurs à l'imitation des missionnaires, qui remplissent leur devoir apostolique en parcourant les cantons et les communes.

Alors ouvriers, artisans, agriculteurs, tous, quelque peu lettrés, moralisés, joignant, par l'instruction professionnelle, la théorie à la pratique de leur métier, de manœuvres deviendraient aussi artistes, patrons, etc. Les ouvriers pourraient se former légalement et temporairement en compagnies ouvrières pour l'exé-

cution des travaux publics et les entreprises particu-
lières.

Un de mes amis ayant, comme il le dit, « *bourré* »
(*sic*) ses enfants d'instruction, me disait : « Je suis
avec tout cela fort embarrassé pour leur donner une
profession ; je ne leur vois pas de vocation spéciale,
sinon que l'un voudrait entrer à St-Cyr, mais il dit qu'il
faut trop travailler pour cela. L'autre, plus jeune, a
du goût pour la marine, ne rêve que Jean Bart ; ne
parlant que de faire feu de tribord et de babord. Dans
notre petite ville, tous ces gamins en sont là. »

Je lui répondis : « L'instruction secondaire que l'on
donne à vos enfants n'a qu'un résultat : c'est de les
porter au militarisme, ou dans les bureaux des diverses administrations et le commerce ; car on ne va
pas au collège pour prendre la pioche ou le marteau
en en sortant. Seule l'instruction professionnelle gé-
néralisée, dans l'agriculture, les arts et métiers, l'industrie, combinée avec l'apprentissage, pourrait déci-
der de la vocation des enfants et sortir les parents de
la perplexité où vous êtes, préparant ainsi des généra-
tions de laborieux et intelligents travailleurs dans
toutes les catégories de la production. »

C'est cette idée qui nous a fait dire dans notre brochure, à propos de l'exploitation des chemins de fer :
« Les employés actuellement embrigadés en mode autoritaire et féodal, seront hiérarchisés entre eux en
mode mutuelliste, c'est-à-dire que le roulement des
grades, basé sur l'instruction professionnelle (et la
moralité), s'opérera dans chaque section, à l'aide d'exa-
mens, où l'employé, dans sa division, pourra obtenir
un diplôme (sujet d'émulation) et aspirer à *son tour*
au grade qui y correspond. » Depuis 89, la liberté
économique des gros bataillons et des gros capitaux,
qui opère contre l'ouvrier, par la division du travail,
des machines, etc., se retournera ainsi en sa faveur ;
et l'ouvrier parcellaire, dans la hiérarchie nouvelle,

deviendra ou sera comme l'artisan, mais sous une autre forme, apprenti, ouvrier et maître ; et dans le travail collectif, cessant d'être une machine, il aura retrouvé sa dignité et son autonomie.

XI

Civilisation et rétrogradation.

Nous avons vu en commençant, que le progrès politique s'effectue par un mouvement opposé d'autorité et de liberté. Nous venons de voir que le progrès et la richesse de quelques-uns s'opère par un accroissement de médiocrité et de misère pour tous les autres. Nous allons voir encore que le progrès de la civilisation se réalise par deux courants opposés : l'un de science accompagné de richesse pour quelques-uns, et l'autre d'ignorance et de pauvreté pour la masse. Dans ce mouvement contradictoire, l'humanité a déjà passé par trois périodes distinctes de civilisation. Ainsi de l'état de sauvagerie pure elle entre dans la période de l'*esclavage :* c'est l'antiquité et le paganisme. De l'esclavage, elle entre par la Révolution chrétienne dans la période du *servage :* voilà le moyen âge. Et du servage, elle entre par la Révolution française dans la période de liberté. Mais la liberté, cette force économique, faisant avancer les uns et rétrograder les autres, créa le *salariat* moderne, dernière forme de l'exploitation de l'homme par l'homme.

Esclavage, servage, salariat, voilà les trois phases de l'évolution économique et le produit de six mille ans de sociabilité. La servitude, en se transformant et en s'adoucissant, laisse encore la masse dans l'ignorance, cause première de la misère, du vice et de toutes les rétrogradations que nous *croyons volontaires.* L'ignorance est donc la cause que « le baptême de la civilisation n'a pas la même efficacité pour tous ».

Fatigués de nos raisonnements, on ne cesse de nous dire : Toutes vos idées sont belles en théorie, mais impossibles à appliquer. Avec le travail qui ne manque pas, et un peu d'économie, si l'ouvrier en avait la volonté, il commencerait son émancipation ; mais peu ont ce désir. Le prix des salaires serait-il doublé que cela lui serait plus nuisible qu'utile. La misère n'est point volontaire, mais personnelle ; elle tient à la faiblesse de l'entendement qui a un développement plus favorable chez les uns que chez les autres, et, comme vous l'avez dit, la richesse étant pour une part le produit de la collectivité, il se trouve qu'il y en a qui amassent ce que d'autres ne savent pas conserver, et de ce fait la répartition sera toujours inégale. De là cette nécessité d'un gouvernement fort, protecteur des intérêts établis. Voilà ce que l'expérience et la pratique démontrent, et que le sens commun reconnaît.

On se trompe grandement en croyant que la faiblesse de l'entendement est la cause de la misère. Nous pensons, au contraire, que c'est la misère qui affaiblit l'entendement et devient la source de toutes les dégradations et des vices qu'on reproche à l'ouvrier. Sans doute il y a des ouvriers qui ne sont pas ordonnés, mais cela se rencontre dans toutes les classes de la société et tient à notre mauvaise éducation. Si l'amélioration de l'homme est si longue à se produire, cela tient à plusieurs causes : d'abord, pour sortir de l'état sauvage, il a fallu réaliser quelques progrès au point de vue du bien-être, pour que le lien social commence à se former ; mais naturellement c'est le hasard qui donne l'idée du progrès, comme des grandes inventions, et c'est le petit nombre qui commence le mouvement. Plus la minorité améliore son état matériel, plus aussi elle se socialise ; plus l'esprit collectif se développe en elle, plus elle devient puissante et ingénieuse ; mais aussi plus elle sent sa valeur, plus, par égoïsme et orgueil, elle contient la masse et la refoule dans la barbarie où elle sera longtemps encore dans les forêts mangeant le gland avec les cochons ; ou, si elle la fait entrer en part de son bien-être, ce n'est qu'à titre onéreux, après l'avoir conquise par la force en la rendant esclave. Le premier mouvement de sociabilité opère en même temps un mouvement en avant et un de recul : d'ignorance et de misère pour la masse ; de science et de bien-être pour quelques-uns. Il en est de même dans le servage et le salariat moderne.

Division du travail. — A un autre point de vue, dans nos sociétés civilisées où l'égalité est proclamée, où existe la liberté du travail, le même effet de recul se produit pour la masse, par le progrès même de l'industrie. Ainsi le travail, en se divisant dans un même atelier, produit ce résultat.

Qu'est-ce que l'atelier ? C'est la réunion de plusieurs ouvriers pour produire en commun une seule œuvre, par le moyen de la division du travail. Si, pour produire une épingle, le travail est divisé entre dix-huit personnes, il arrivera que dans sa division l'ouvrier acquerra plus d'habileté, et le produit collectif sera centuplé. Par comparaison, si, au contraire, un seul ouvrier faisant l'œuvre complète (une épingle) peut n'en produire que cent cinquante par jour, dix-huit ouvriers, par la division, en produiront chacun trois mille. Aussi par ce procédé la richesse est centuplée, « l'art est en progrès, mais l'artisan rétrograde ». Car l'ouvrier qui ne fait toute sa vie que la dix-huitième partie d'une épingle a dix-sept fois moins de savoir que celui qui la fait seule.

Par cette division, tout le génie de l'œuvre se concentre dans la tête du directeur ; il en est de même dans toutes les industries, dans tous les chantiers où le travail est divisé. Le résultat pschycologique est

que l'ouvrier parcellaire, réduit aux fonctions méca-
niques et matérielles de l'œuvre, son génie ne peut
se développer, il s'éteint; et par le progrès même de
l'industrie, il se trouve comme manœuvre refoulé dans
l'ignorance de son métier. Alors le travail n'étant plus
synthétique, n'ayant plus rien d'attrayant, devient re-
butant, et, comme dit la Bible, il est une expiation.
On a remarqué que ce qui développe chez l'artisan le
génie et perfectionne son intelligence, c'est la perspective, qu'ayant passé par les degrés d'apprenti et
de compagnon, il pourra lui-même s'établir et devenir
maître en son métier. Tandis que le salarié, ou l'ouvrier parcellaire, qui débute dans la carrière de la
production avec l'idée de rester manœuvre toute sa
vie et de ne pouvoir travailler à son compte, son génie ne se développant pas s'atrophie et son intelligence, pour ainsi dire, tourne au vinaigre, laquelle
peut devenir un ferment de dissolution sociale.

A la dégradation qu'a produit le salariat, œuvre
du monopole et de la liberté, doit succéder, à l'aide
de la science sociale, l'organisation positive de la société. Et le travailleur collectif, en entrant en possession des instruments de travail par l'association, par
le crédit et la mutualité ou la fédération des producteurs-consommateurs, retrouvera son autonomie et sa
personnalité. Alors, alors seulement, la balance des
forces économiques et la garantie de toutes les libertés
opérera la véritable solution de tous nos antagonismes.
La sécurité et la paix seront le partage de l'humanité.

RÉSUMÉ ET CONCLUSION.

Dans la société comme dans la fable, c'est le plus fort ou le plus rusé qui a la plus grosse part et qui fait la loi aux autres. Sous Louis-Philippe, c'est l'élément propriétaire qui est le plus fort ; il gouverne par le cens et appuie ses intérêts du contre-fort de l'échelle mobile, le nec plus ultra de la protection. Le pouvoir de la propriété est tombé avec son roi : le suffrage universel a remplacé le cens, et le libre échange l'échelle mobile. L'élément propriétaire n'est plus qu'une force ordinaire de la production, il est pondéré, il ne gouverne plus[1].

Comme Louis-Philippe avait appuyé son gouvernement sur la propriété, l'Empire fonda son pouvoir sur la finance, qu'il appuya du contre-fort des privilèges de toute sorte dont nous avons parlé. Le privilège de préhension du capital engagé dans la propriété, n'est plus aujourd'hui que de 2 0[0 en moyenne, tandis que les capitaux des compagnies financières prélèvent en moyenne 20 0[0 (voir page 32). Sylock (le Juif) est donc tout-puissant, il inspire la démocratie et gouverne la République ; et si nous nommons bientôt un Roi il le gouvernera. Le suffrage universel est entre ses mains comme un *menu frétin* qu'il sait amorcer afin de le faire mordre à l'hameçon qu'il tend à propos.

(1) **Par cette** transformation, la culture ne peut plus attendre son salut de la protection douanière, mais d'un principe supérieur qui la délivre de l'usure de l'hypothèque, et de l'arbitraire des *minotiers, blatiers,* etc. Les députés qui représentent ses intérêts, devraient aussi s'inspirer de l'intérêt général avant de parler de relever l'échelle mobile, qui ne pourrait être appliquée qu'au prix de la subsistance du peuple. La protection nécessaire à la petite culture, c'est le crédit gratuit, lui garantir ses récoltes par l'assurance mutuelle, ainsi que le moyen de vendre ses denrées à leur valeur.

Voir solution du *Problème Social*, page 25, 26, 52 à 65 et 79 à 83.

Malgré notre jactance démocratique, nous restons inféodés aux monopoles privilégiés de la Banque de France, du Crédit Foncier, des six grandes compagnies de chemins de fer, et d'un nombre énorme de petits monopoles ayant part au système. « Nous ne sommes plus qu'un pachalik à la façon de l'Egypte, de l'Inde, de la Chine, de la Turquie et de tous les pays de castes. Nous arrivons à cette sorte de béatitude sociale des Orientaux qui ne comporte plus ni évolution ni progrès, parce que les intérêts établis ne supportent pas que rien ne puisse venir ébranler leur situation ». Tel est l'idéal du parti conservateur.

La logique de tout ceci est que les privilèges sont entre les peuples comme à l'intérieur d'une nation, des éléments d'immobilisme, ou de domination et de perturbation, qui fomentent les guerres de toute sortes, sont la raison de l'unité politique, des armées permanentes et des gouvernements forts. Qu'en pensent les amis de la paix?

Par un coup d'autorité, afin d'en finir avec nos antagonismes, les communistes-collectivistes veulent décréter l'expropriation générale, et faire de l'Etat l'entrepreneur unique de toute industrie, à l'exemple de ce qui se pratique déjà pour les tabacs, les sels, les monnaies, etc., etc. Mais nous savons tous que les entreprises de l'Etat coûtent *plus* du double de ce qu'elles valent. Avec la médiocrité et la pauvreté générale, nous aurions la suffisance, l'insolence et les préférences administratives. On détruirait ainsi au nom de la collectivité le despotisme du monopole, pour y substituer celui de l'Etat. Ces autoritaires toujours éloquents et violents quand il s'agit de critique, sont ceux qui réfléchissent le moins quand il s'agit de pratique. Tel est aussi le parti ultramontain et l'absolu monarchique. Ainsi les extrêmes se touchent, ils se donnent la main pour faire rétrograder la société à son berceau. Mais ils comptent sans la liberté qui les a dépassés et qui les attend ; laquelle, innée en l'homme, est indestructible, ainsi qu'en témoigne l'évolution de l'humanité.

Disons cependant, après avoir critiqué la démocratie, qu'elle est notre seule et meilleure amie, puisqu'elle a toujours le respect et la religion de la liberté ; mais nous avons vu que cette liberté est ingouvernable autrement que par elle-même, c'est-à-dire que les fédérations suffisent seules à la discipliner et à la centupler. Regardons ce qui se passe en Suisse pour la politique, et répétons encore que l'ère des fédérations, en transformant les gouvernements et l'axe des intérêts, sera désormais la fin de tous les partis, de tous les scandales et coteries politiques. Alors, avec raison, nous pourrons inscrire sur notre drapeau cette belle devise : LIBERTÉ, SÉCURITÉ, ORDRE PUBLIC.

« Etre gouverné, a dit P.-J. Proudhon, c'est s'exposer à être exploité, bafoué, traqué, humilié, emprisonné ». A part quelques rares faits de tyrannie que l'histoire signale, où le pouvoir dispose seul des intérêts, les gouvernements ne sont point faits pour les tyranniser, ils les respectent, et toujours les protègent, et ces intérêts se gouvernent seuls. En effet qu'est-ce que la féodalité ? Une association ou une fédération des intérêts du sacerdoce, du seigneur et du prince, unis par raison d'Etat pour gouverner la masse et l'exploiter à leur profit. Qu'était l'antique patriciat romain ? Une coalition de Quirites (propriétaires) unis pour l'exploitation du plébéien et de l'esclave.

« Tes gouvernants sont des coquins », dit le grand prêtre Samuel au peuple juif qui rejette le pouvoir sacerdotal. N'étant d'aucun parti politique de gouvernement, je crois à la sincérité de ces partis ; les reproches qu'ils s'adressent réciproquement en divulguant leurs méfaits et en s'accusant d'impuissance, me semblent incontestablement vrais. C'est le cas de dire ici, qu'ils voient bien la paille dans l'œil de leurs adversaires, mais qu'ils ne voient pas la poutre qui les aveugle.

Par la corrélation intime de l'ordre politique et économique, nous avons conclu à la nécessité de créer une constitution économique, qui en ordonnant les intérêts dans le sens de la justice et de la liberté, doit être l'objectif de toute saine politique; et comme le contrat social dont Jurieu a parlé, serait le trait d'union des producteurs-consommateurs, et la base d'une fédération garantissant la liberté du travail de chacun, de façon à servir de contre-poids aux privilèges qui nous appauvrissent, ainsi qu'à l'Etat qui nous abêtit, par l'exorbitance de son autorité, et qui toujours, s'il détruit un privilège, en crée plusieurs pour appuyer son despotisme.

Il est certain que l'instruction secondaire et professionnelle, jointe à l'apprentissage, et la formation des compagnies ouvrières pour le travail collectif, peuvent seules arrêter la rétrogradation des classes laborieuses; et en reconnaissant dans la variété des aptitudes leur *équivalence économique*, il résulte encore que la moyenne de la valeur intellectuelle dans une spécialité, se trouve égale dans une autre. Alors l'équilibre des intelligences comme celui des intérêts, qui nous paraissaient des illusions, seraient réalisés.

FIN.

Vendeuvre-sur-Barse (Aube), le 1er décembre 1885.

JOSEPH PERROT.

APPENDICE

CONVERSION DES RENTES

PROFESSION DE FOI ÉCONOMIQUE D'UN CANDIDAT AU CONSEIL FÉDÉRAL
DANS LA FÉDÉRATION FUTURE

Citoyens,

La CONFRATERNITÉ est donnée dans la fédération. L'agiotage et l'usure (objet d'ardentes spéculations), cette lèpre qui couvre encore le vieux monde, cause de folles jouissances et de cuisantes misères, doit disparaître. L'ÉGAL ÉCHANGE des produits et le bon marché en toutes choses en seront la conséquence.

Le conseil fédéral devra donc soumettre au VOTE POPULAIRE, avant l'application de la constitution économique et du crédit gratuit, une loi sur la réduction de l'intérêt légal de l'argent, dont la teneur suit :

1° Réduction de l'intérêt légal de l'argent à 2 0|0 ;

2° Unification de la dette nationale en convertissant le 4 1|2, le 3 0|0 perpétuel et l'amortissable à 2 0|0 ;

3° En conséquence, conversion de la rente des dettes particulières hypothécaires, chirographaires, et obligations des diverses compagnies au taux légal de 2 0|0. Cette réduction est applicable à tous les contrats, à tous les titres, à tous les engagements, passés et présents ;

4° Le remboursement des valeurs publiques se fera au prix de leurs émissions ; les primes qu'elles comportent à l'amortissement, étant entachées d'agio et d'usure, sont annulées ;

5° Les compagnies SERONT OBLIGÉES à réduire les prix de leurs tarifs et de leurs services en proportion des réductions de l'intérêt et de l'annulation des primes.

Nota. — 1° La réduction légale des rentes aura pour effet de porter les capitaux PARASITES dans les entreprises si utiles de la commandite, où, en créant de nouvelles richesses, ils trouveraient, comme le négociant, à leurs risques et périls, l'INTÉRÊT LÉGITIME de la valeur due au génie de l'entreprise ;

2° Par la réduction des prix et le bon marché en toutes choses, les petits rentiers trouveront une large compensation à la diminution de leurs rentes, et le peuple un soulagement à la misère